Omono

By Marsha Sullivan

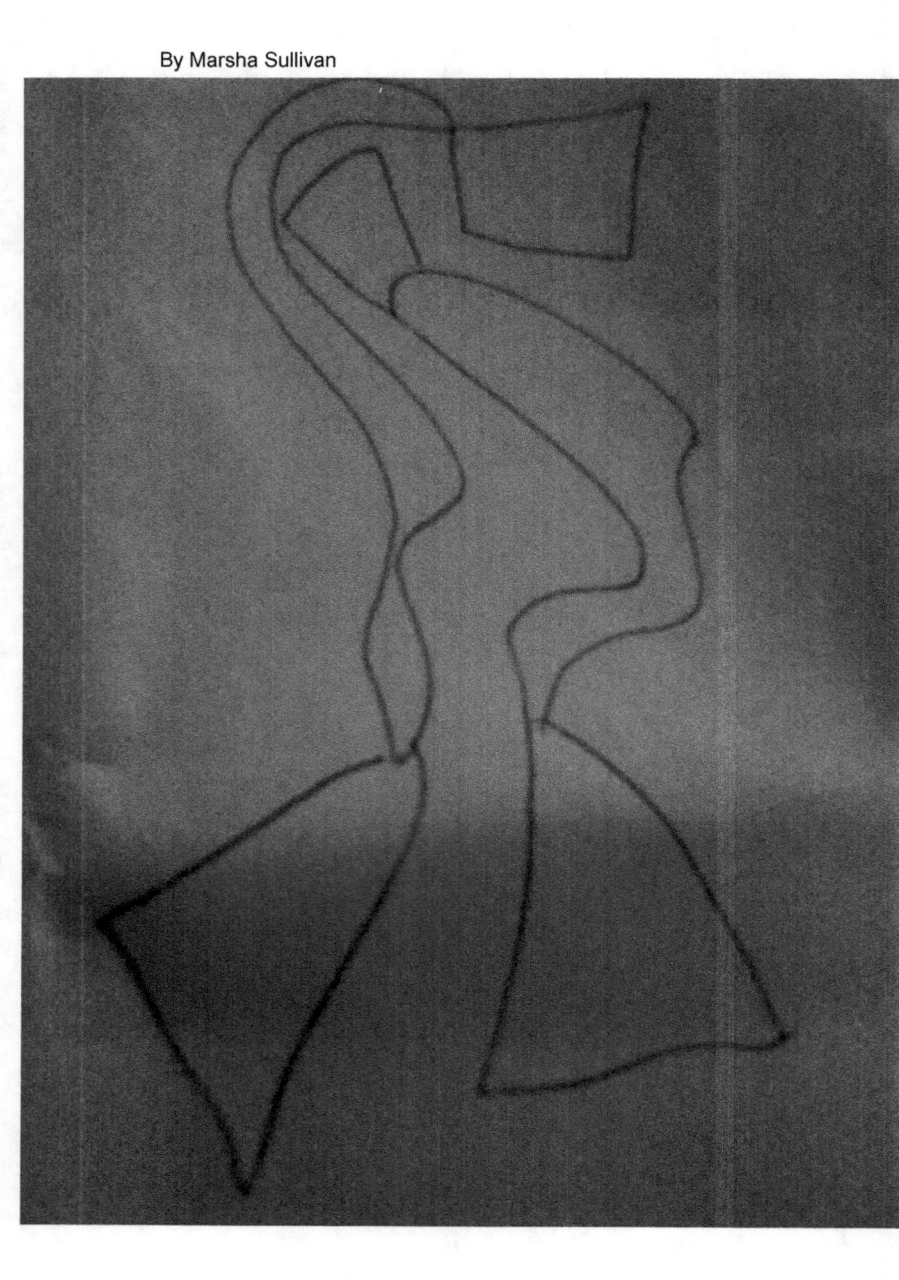

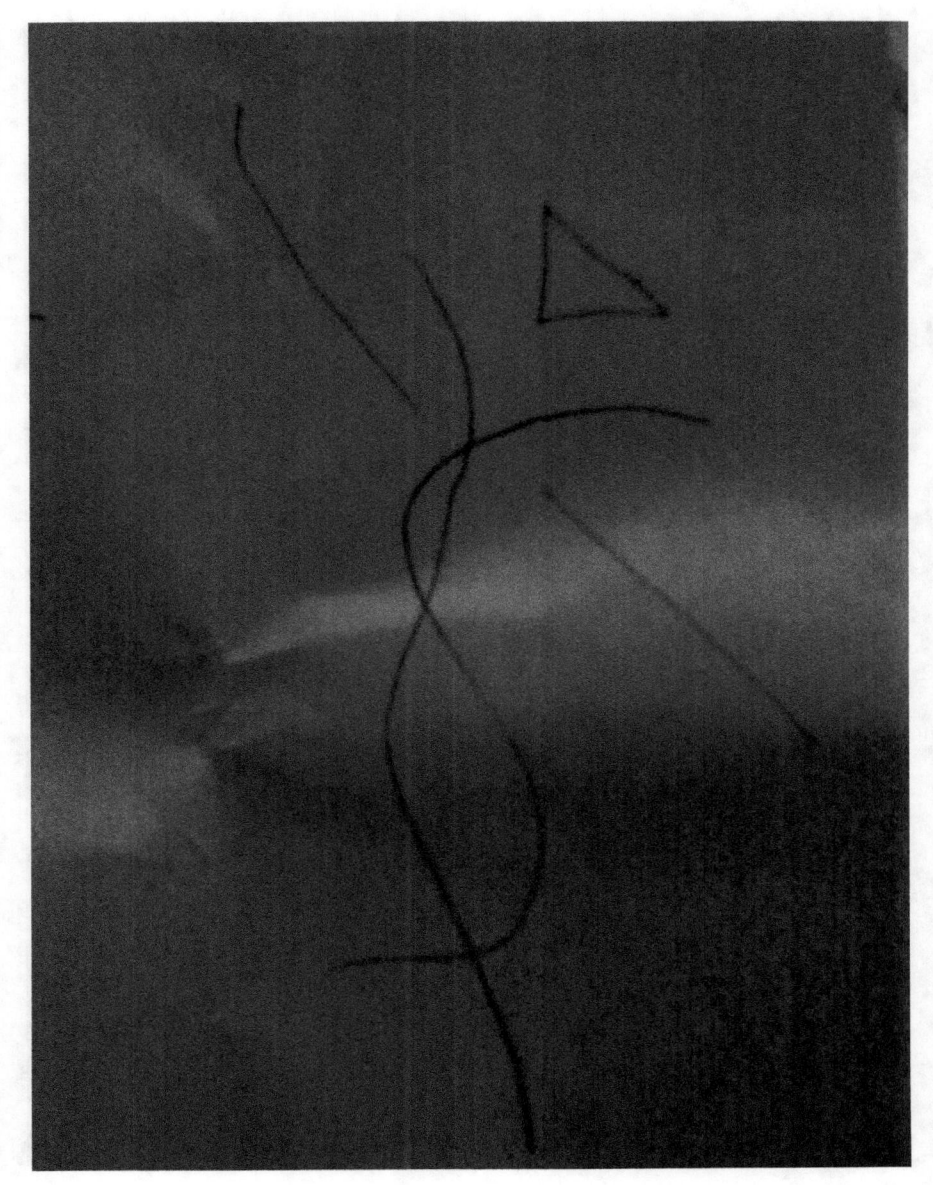

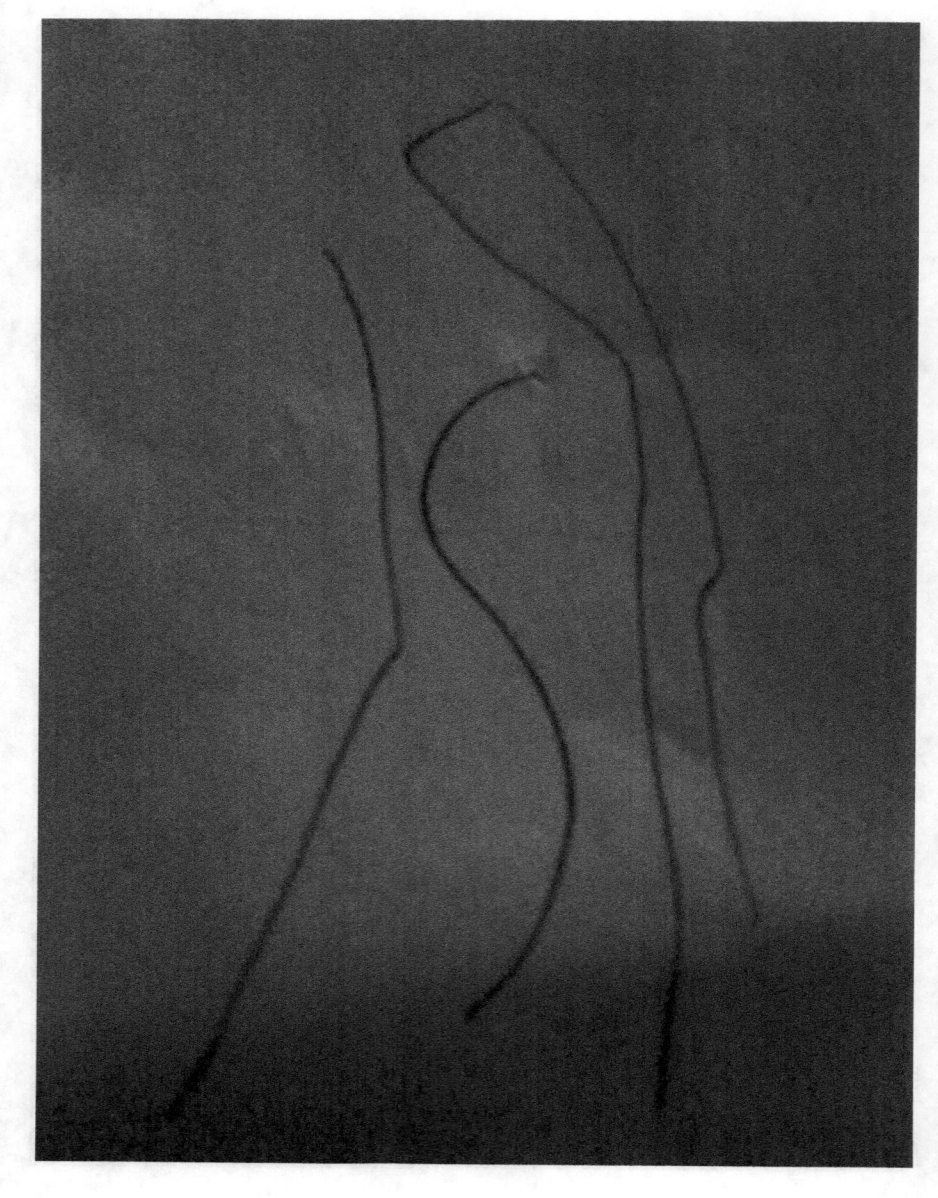

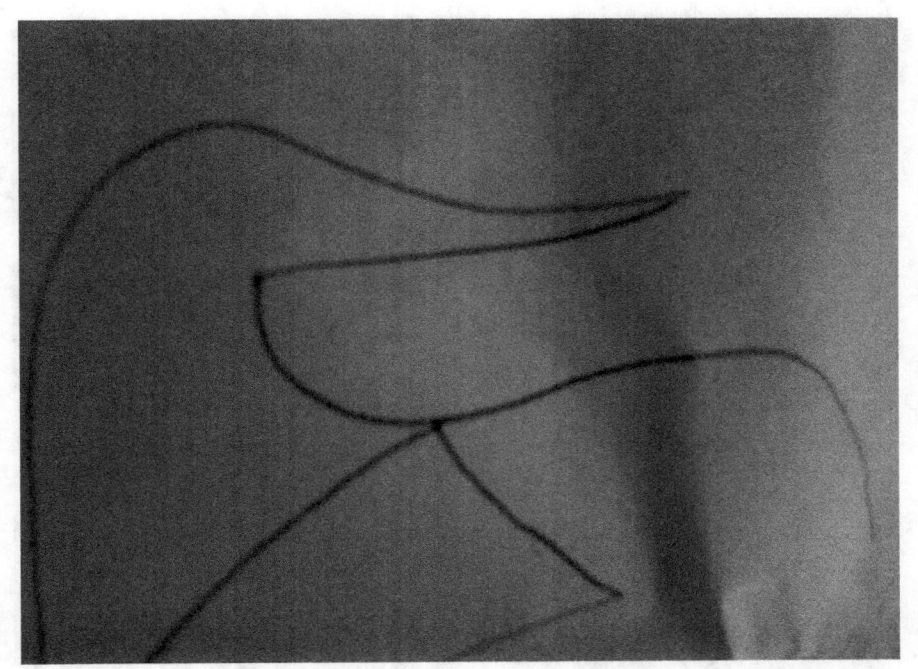

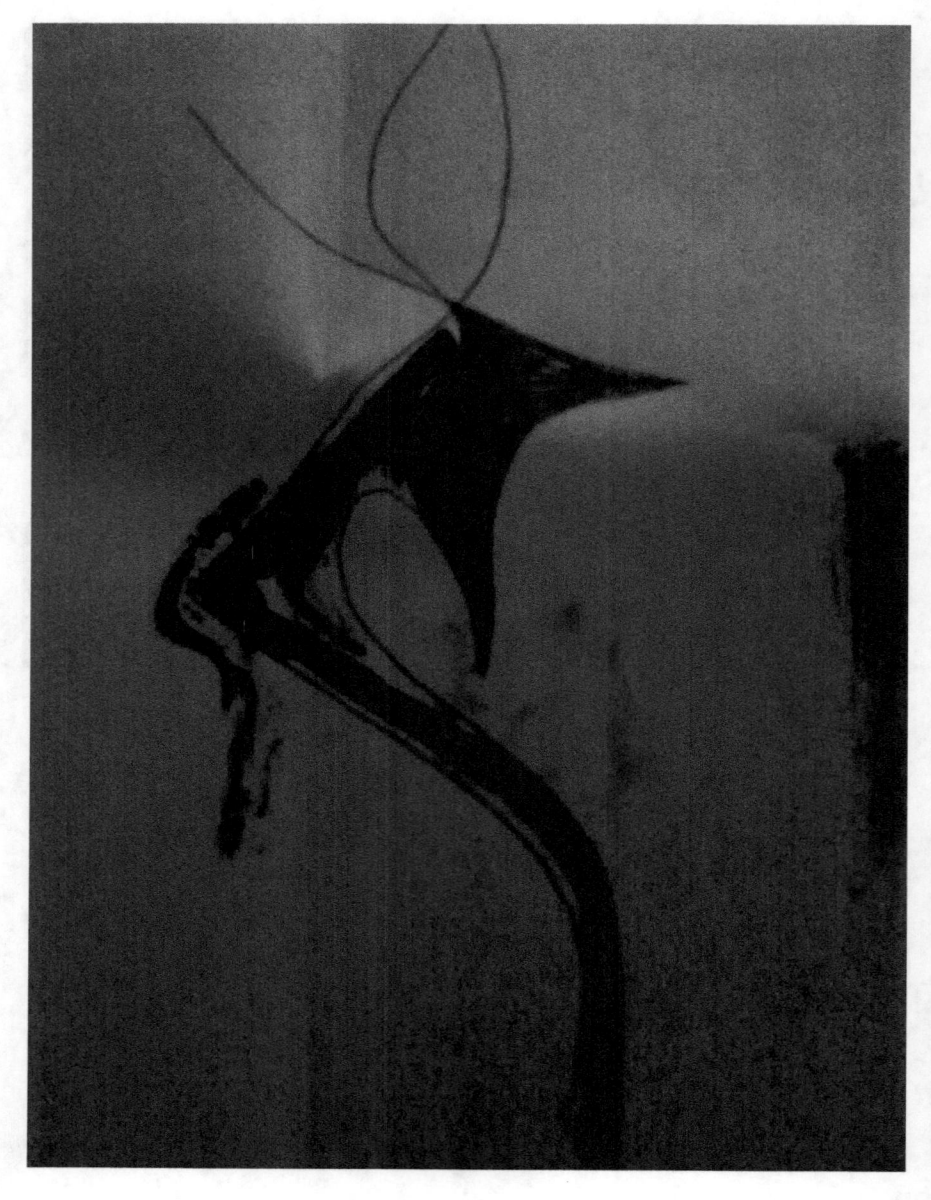

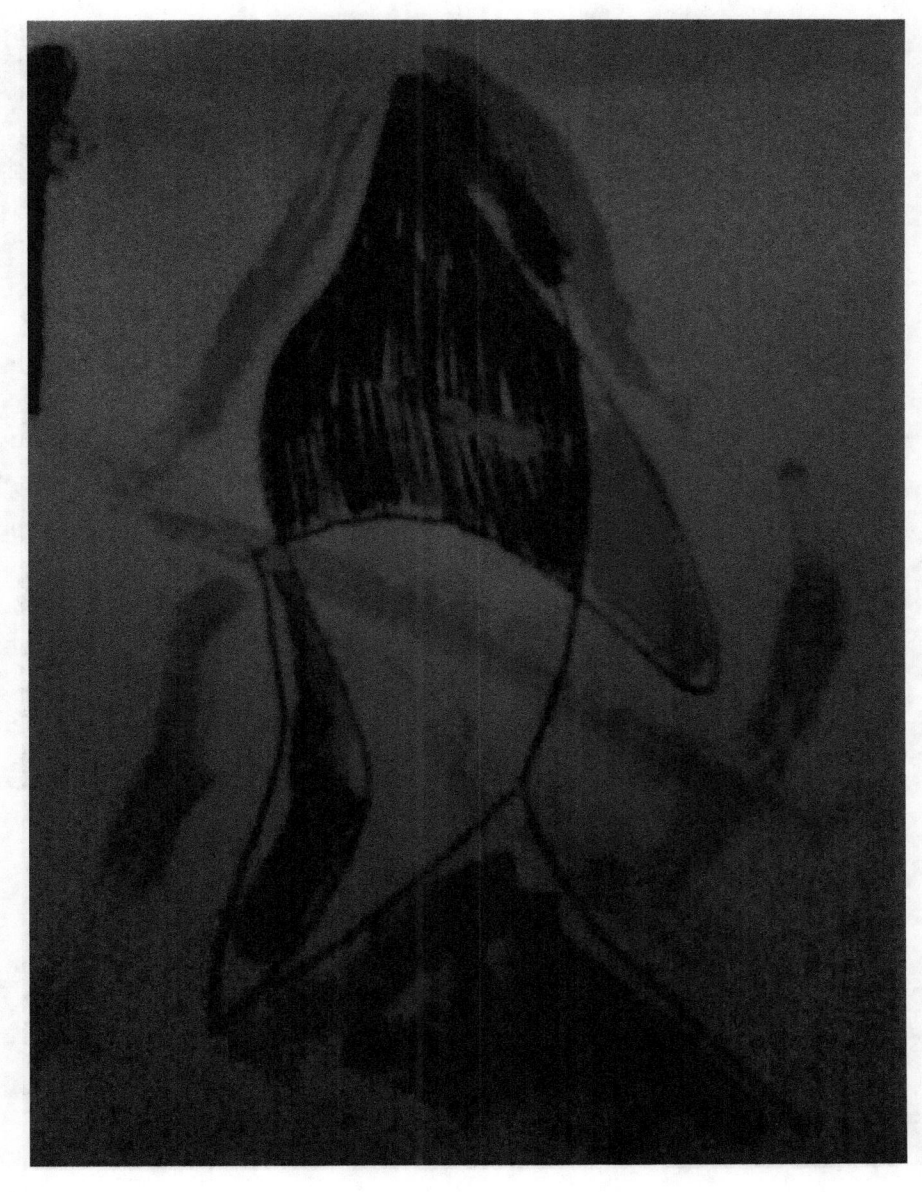

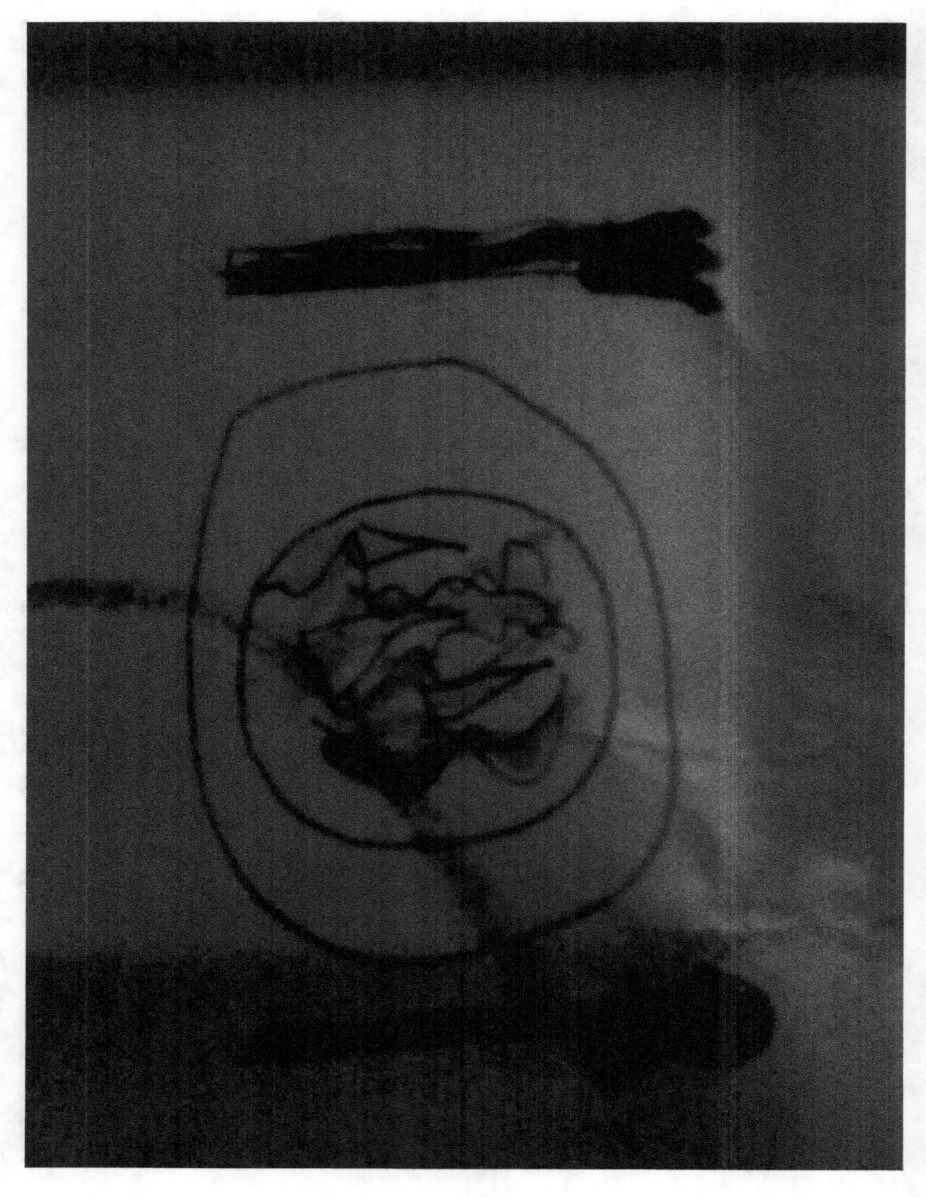

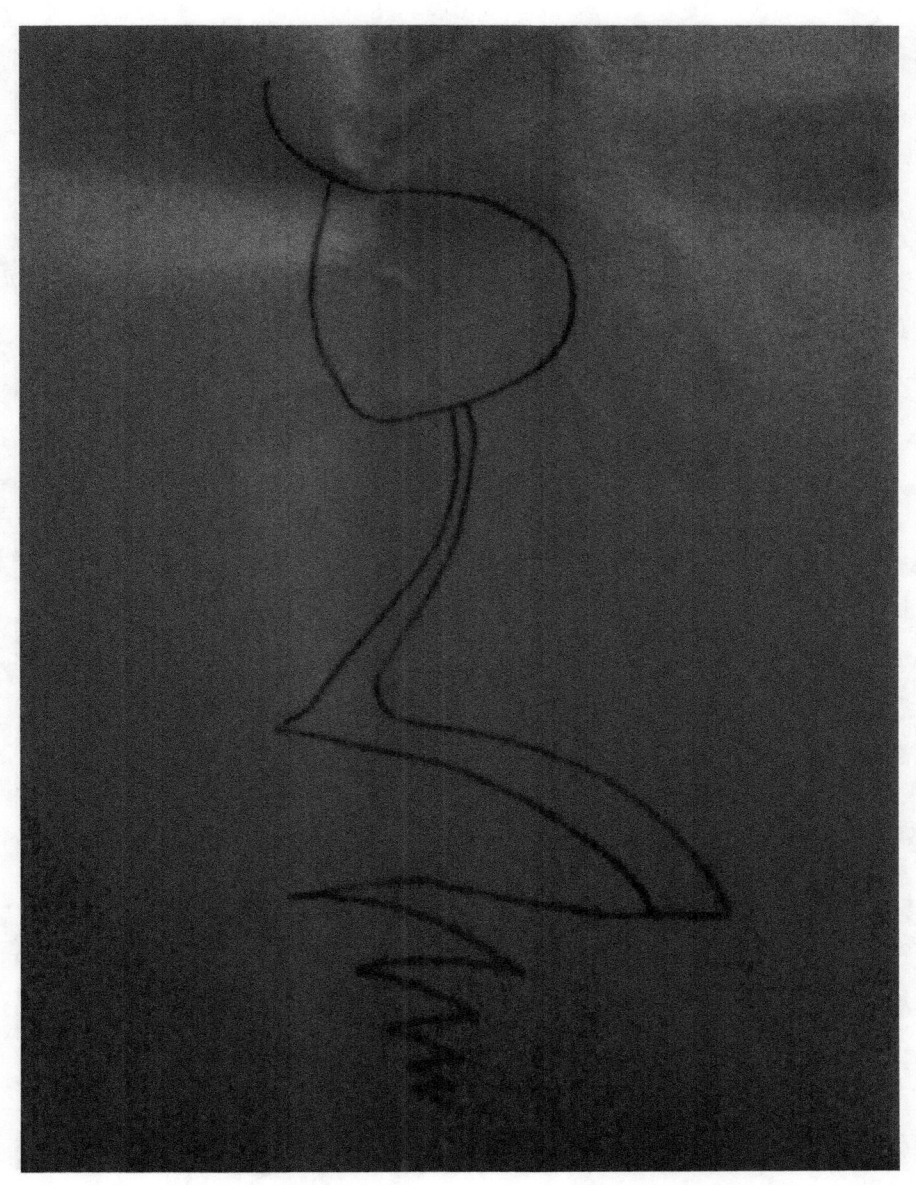

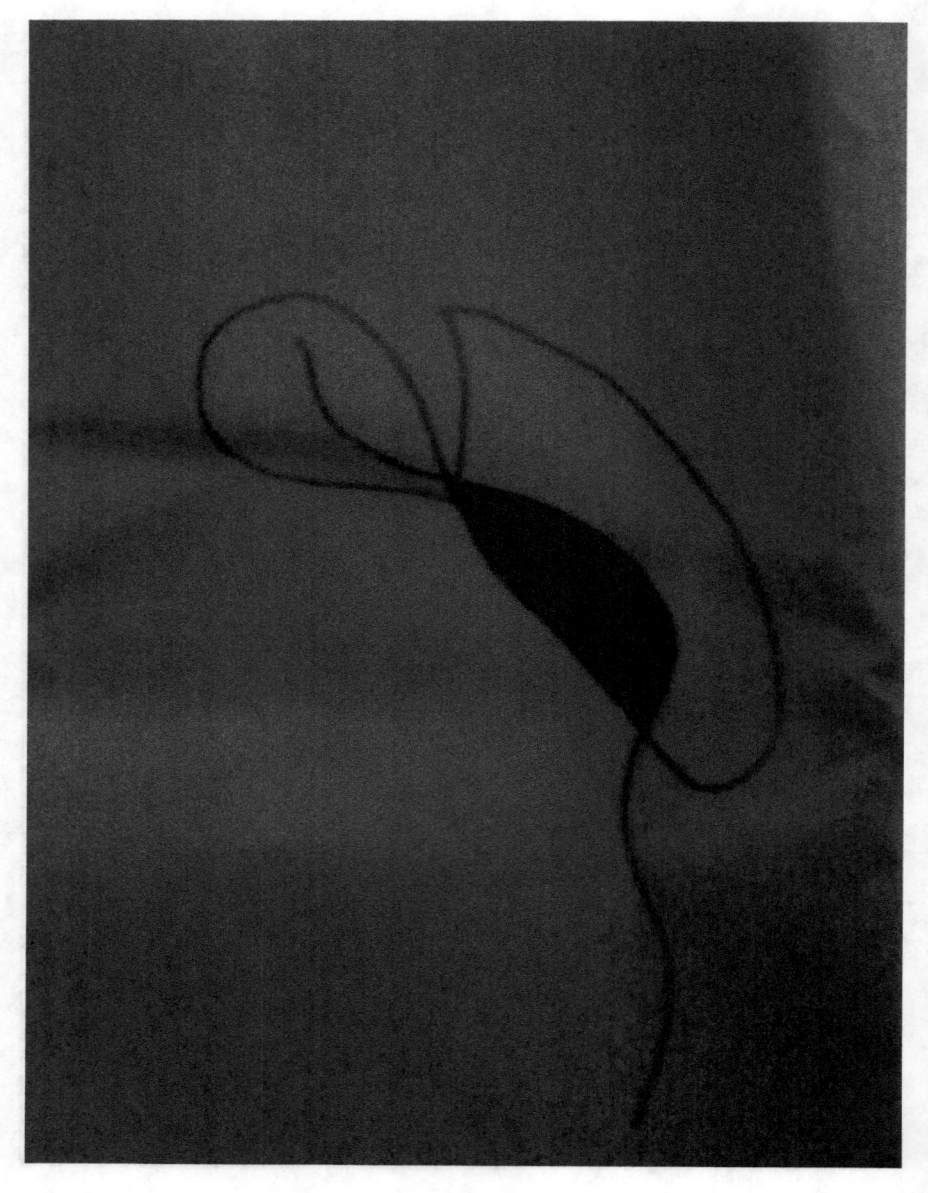

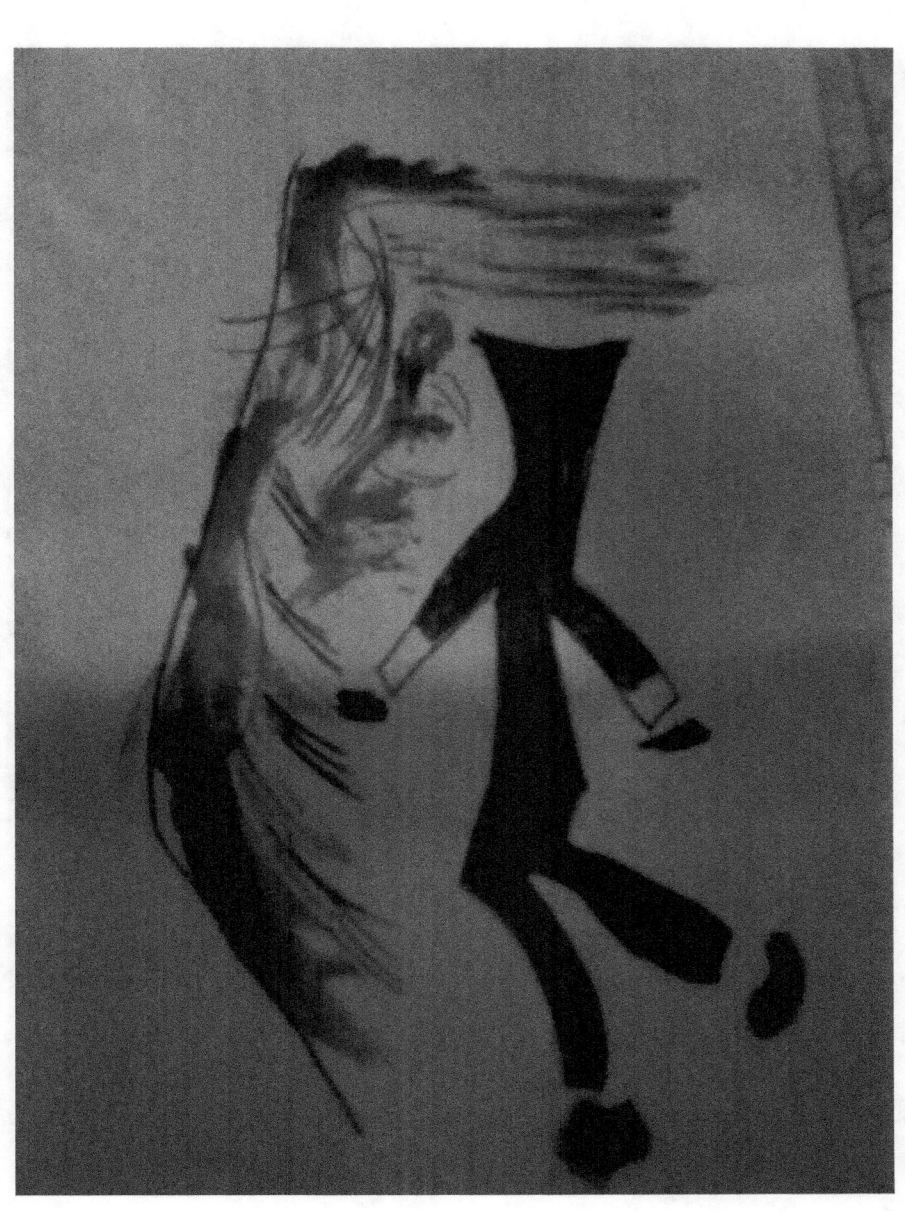

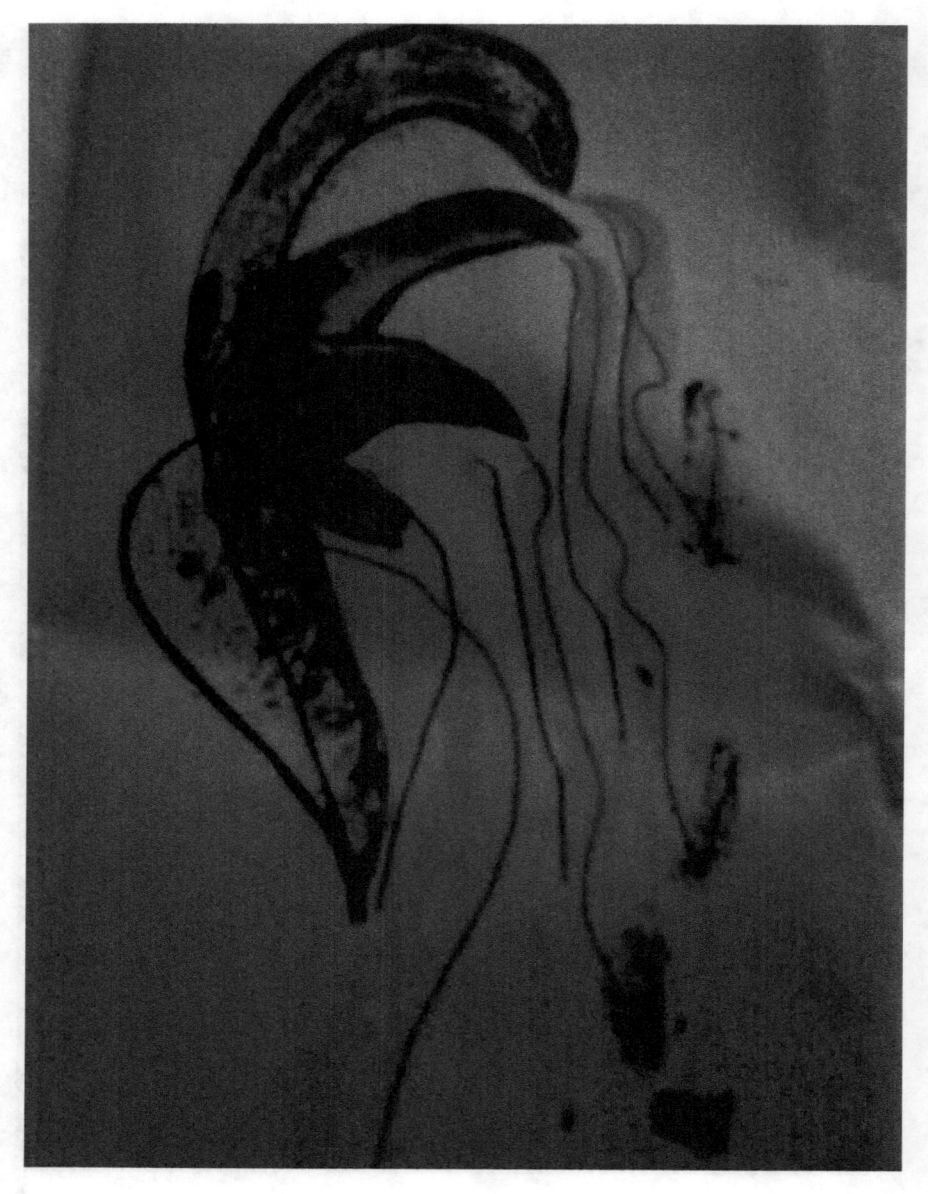

bunkabon

---

zeitaku

enshu

jidaiokure

Koki

Kikai

fukuro

bunchin

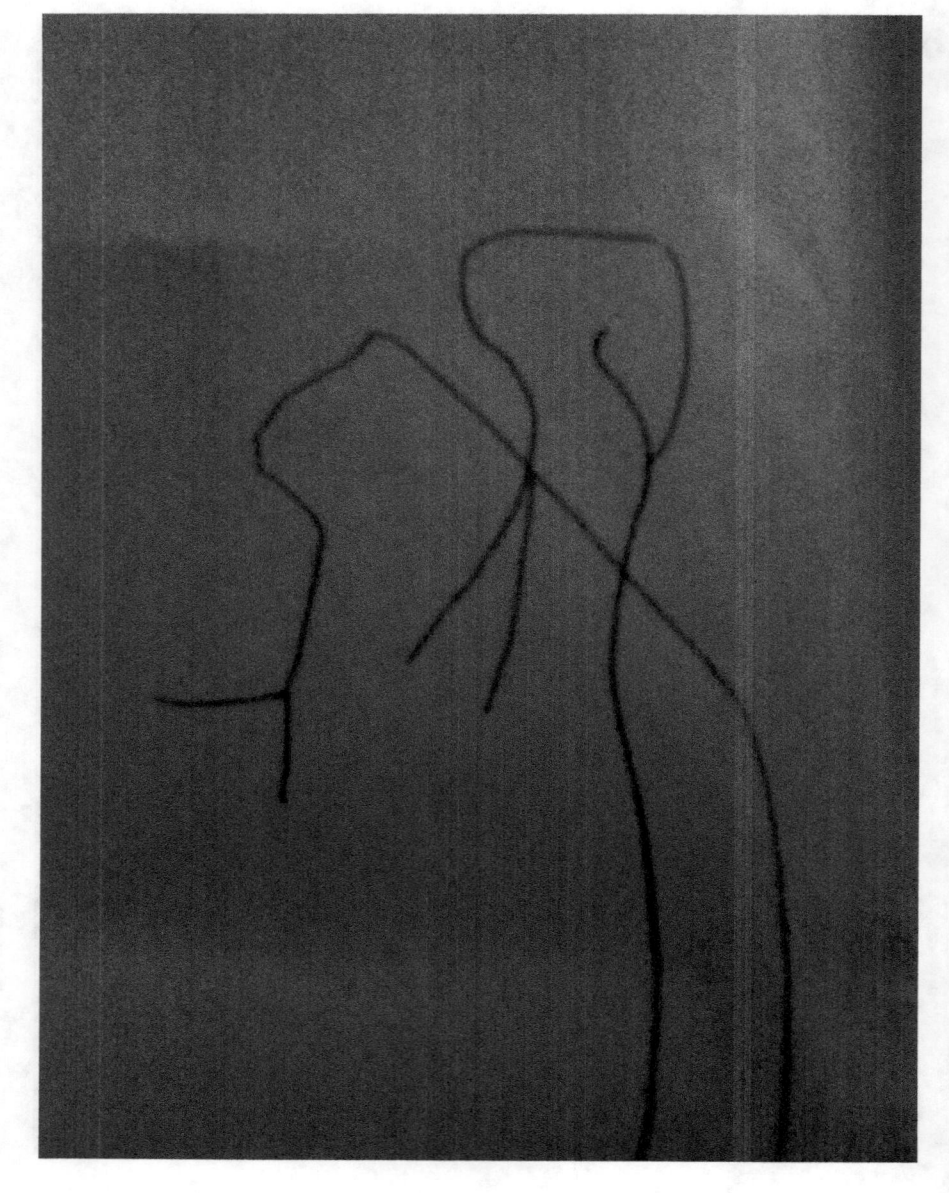

Kaki

Sakebi
atama ga ii
hamsu
Senren Sareteiru
Kirameku
gyoshi

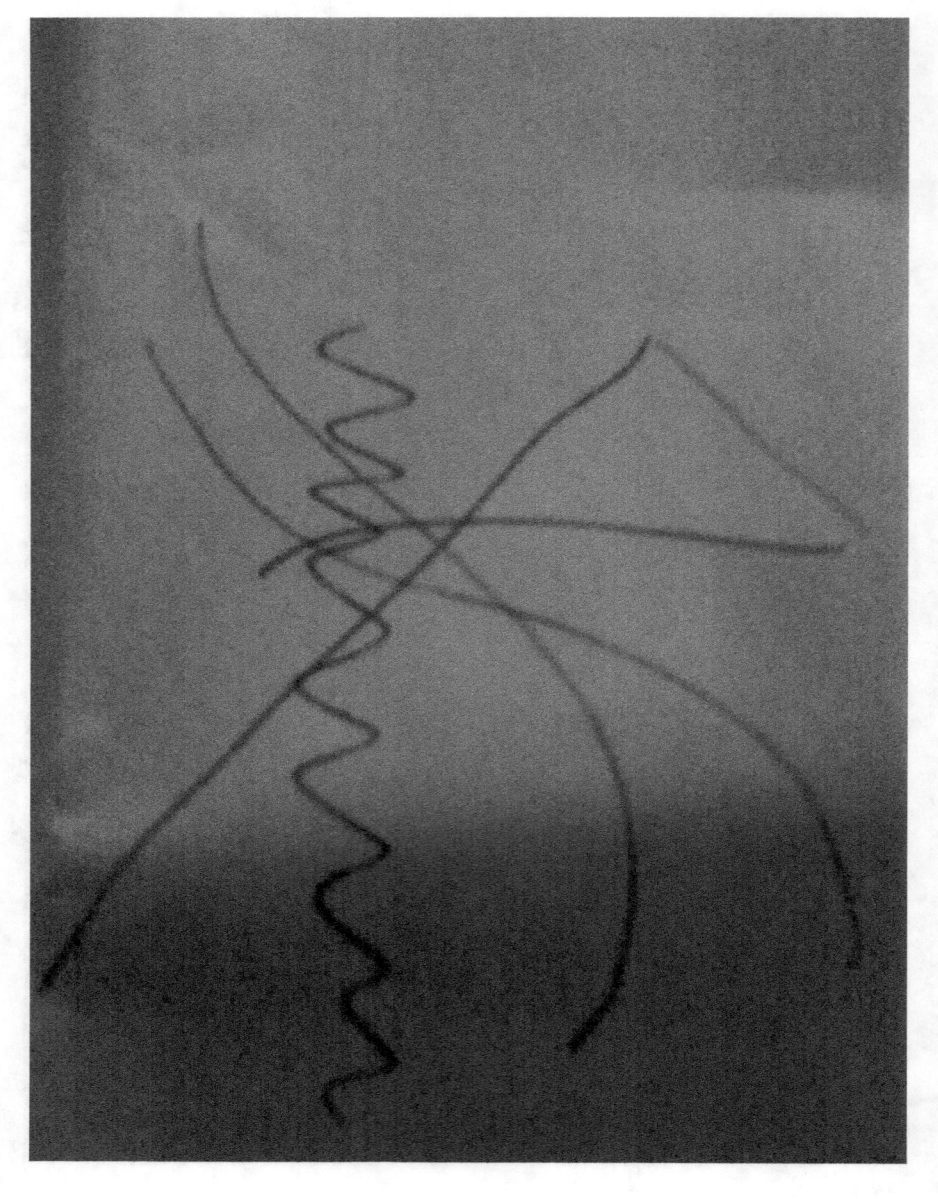

Hiriku

Saino ga aru

Kokyokyoku

buranko

hayai

teian suru

tsuyosa

Kawa lll

Senren Sareteiru

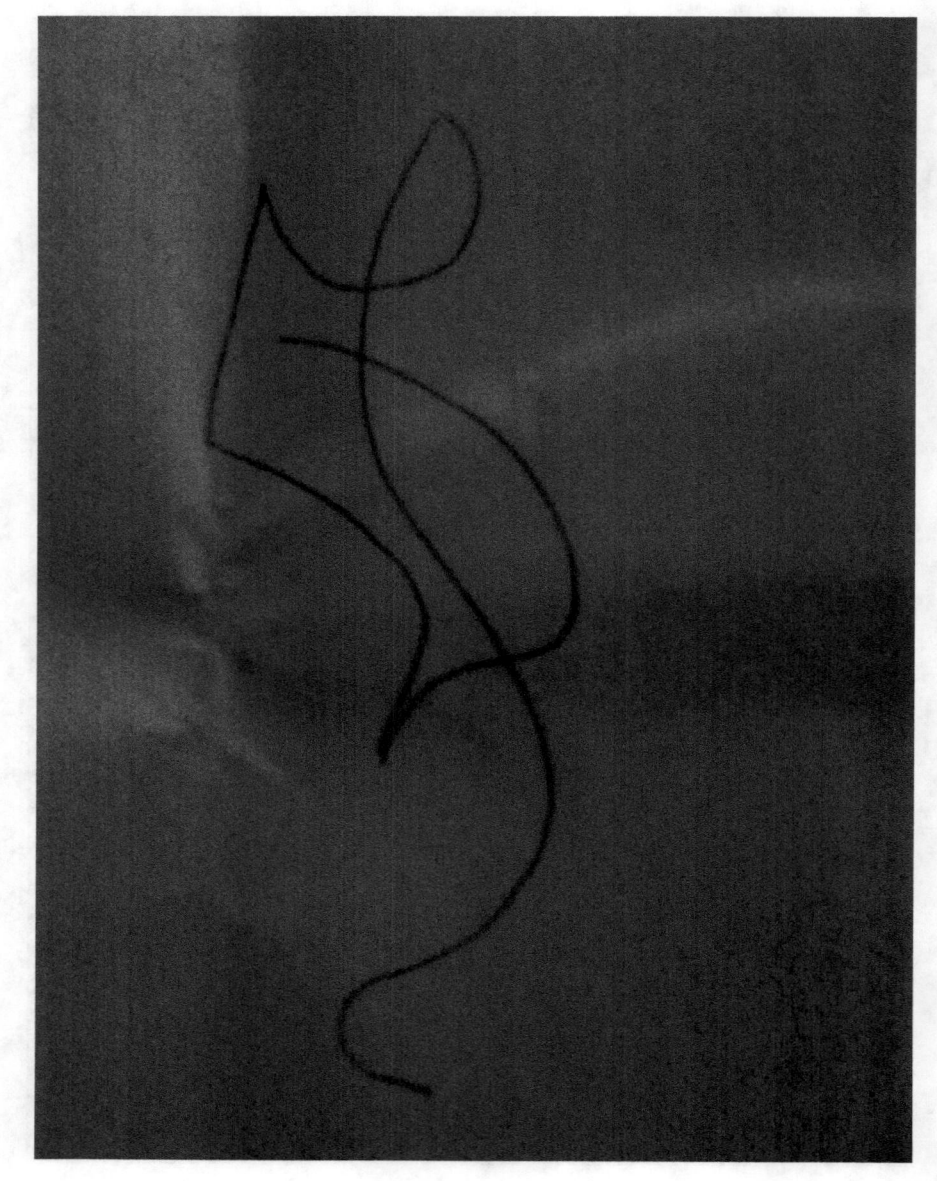

monogatari
anata no
mada
~~tsumazuku~~
sokuji
akke ni torasem
ren'ai
hoshu

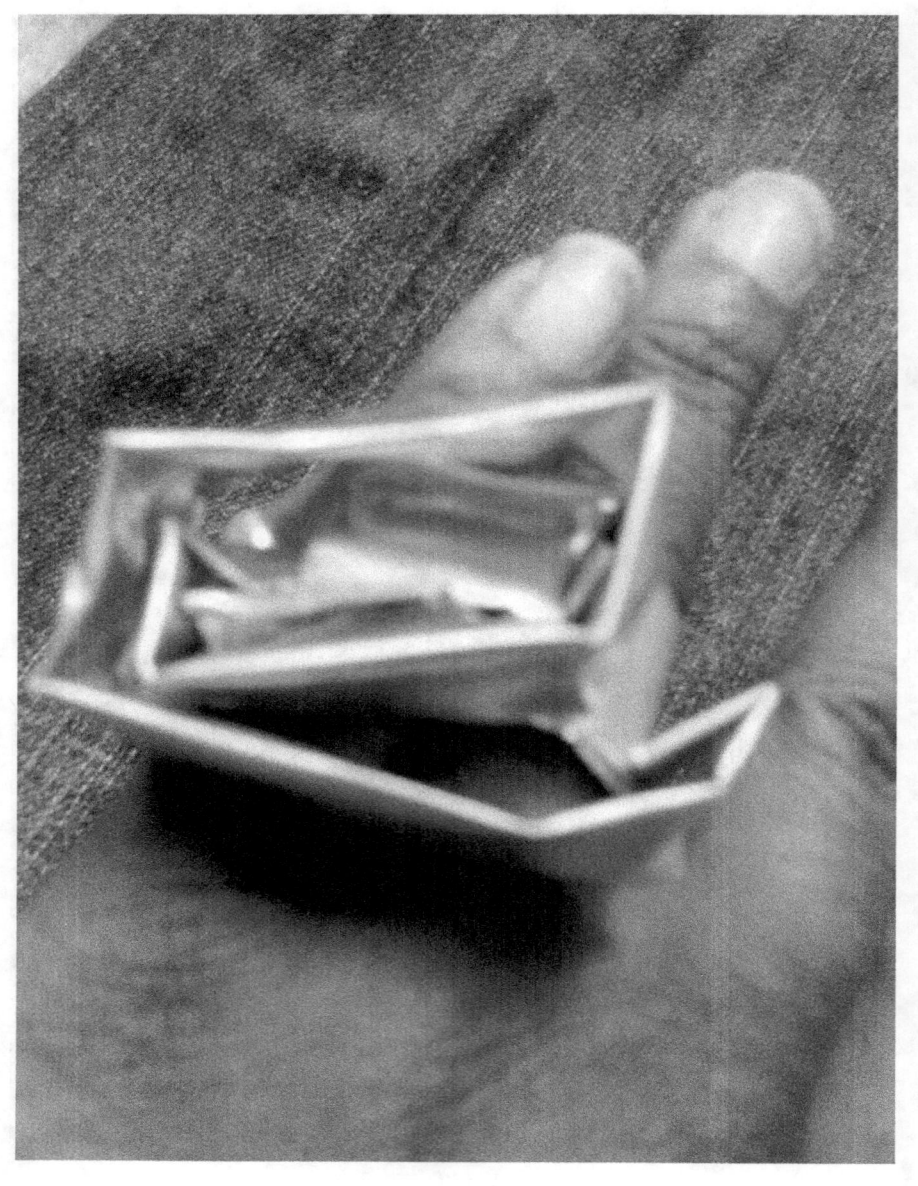

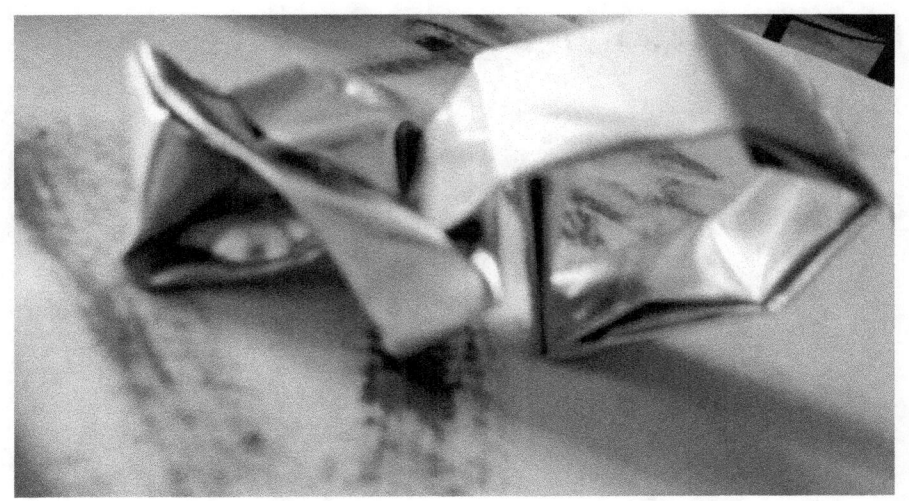

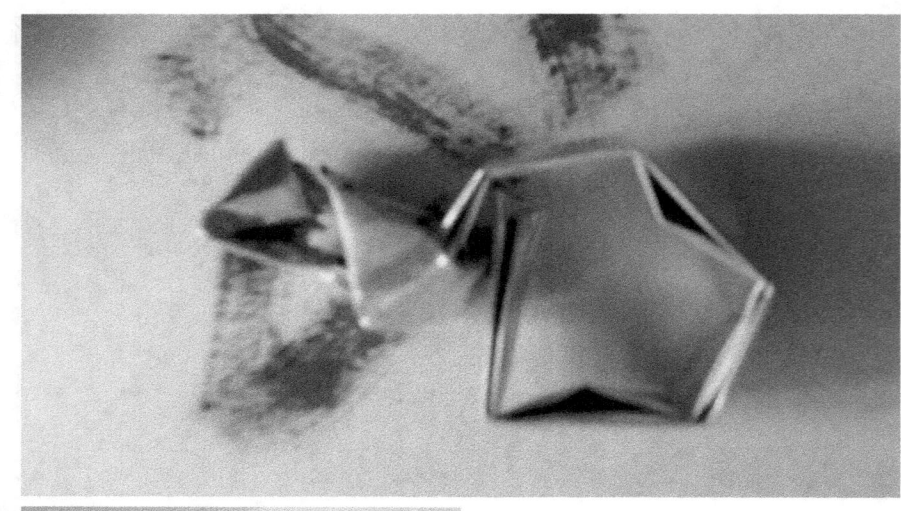

kichigai
Koibito koibito
Koi
Sageru
Wariate
Nakusu
Kichigai

Isshoni

Shihaisha
Choju
Setsubo
Zenmen
Anata

Michi ni Mayou

Chokyori
Taishikan
Hoyo

Arawareru
Nadakai

The End.

www.ingramcontent.com/pod-product-compliance
Lightning Source LLC
Chambersburg PA
CBHW070937220526
45468CB00005B/1808